# DE LA MONARCHIE AVEC LA CHARTE.

Cet ouvrage paraît en quatre Parties de vingt à vingt-cinq chapitres chaque; leur pagination étant suivie, elles peuvent se brocher en un seul Volume. Les trois premières Parties ont déjà paru : la 4e et dernière paraîtra incessamment et comprendra, par post-scriptum, un coup-d'œil sur les premières séances de la Session de 1816.

DE

# LA MONARCHIE

AVEC

# LA CHARTE.

PAR M. C.-M. LÉON DE SAINT-MARCEL.

*Il n'y a qu'un pas de la Fronde à la Ligue.*

TROISIÈME PARTIE.

PARIS,

CHEZ LES MARCHANDS DE NOUVEAUTÉS.

Imprimerie de J.-L. CHANSON, rue Montmartre, N° 113.

1816.

DE

# LA MONARCHIE

AVEC

# LA CHARTE.

## TROISIÈME PARTIE.

### CHAPITRE XLIV.

Du second Ministère. — Sa formation.

J'AI déjà signalé les alliances inexplicables que des besoins supposés d'intérêts privés avaient fait contracter à des hommes dont on n'aurait jamais prévu la réunion possible, dans quelque cause que ce fût. Telle est d'abord cette fédération que nous voyons se former, d'hommes qui ont à redemander à la révolution ou leurs biens ou leur honneur perdus. Ainsi, ceux qui ne veulent pas oublier ce qu'elle a détruit, se servent contre elle de ceux qui veulent faire oublier ce qu'ils ont commis; les uns irrités des pertes, et les autres des fautes qu'elle leur a occasionées, tous enfin mécontens dans leurs intérêts ou dans leur conscience.

Telle est encore l'alliance plus élevée, mais non moins étonnante qu'on a essayé de former contre cette même révolution, entre ses ennemis naturels et l'homme que je considère comme le représentant le plus fidèle de la révolution française, si un seul homme peut réunir sur sa tête tous les caractères de trente années d'événemens, fécondes en erreurs, en fautes, en apostasies, comme en talens et en gloire de tout genre.

Si en effet un personnage présentait en lui-même une image abrégée de tous les excès qui composent la révolution française (le crime du régicide excepté), ne devrait-on pas s'étonner qu'il devînt en quelque sorte le héros de ceux qui font profession de haïr et de calomnier cette révolution dont il serait le fidèle représentant. Telle est cependant l'inconséquence de l'esprit de parti. On espère s'armer contre les choses de la révolution, de ceux des hommes à qui une plus parfaite expérience donnerait plus de moyens d'en apercevoir le faible: mais qu'on ne s'y trompe pas; il n'est jamais avantageux d'employer dans quelque cause que ce soit, ces grands artisans de révolutions : ce ne sont pas de ces instrumens qu'on brise après l'usage qui vient d'en être fait, et le parti qui espérerait anéantir la révolution française par les mains de l'un des hommes qui l'a élevée, serait bientôt et cruellement détrompé.

Le principal Ministre du premier Ministère fut porté à la tête du second. Sa position était fausse, et de cette contrariété manifeste entre son rôle présent et les rôles successifs d'une vie féconde en changemens, devaient nécessairement découler toutes les inconséquences qui marquèrent les actes de son administration.

La constante politique de ce Ministre, qui n'avait résidé que dans la précaution de donner des gages à tous les partis, était, moins que tout autre, propice au seul dessein qu'un Gouvernement sage pouvait former alors, celui de mettre un terme à toutes les révolutions. Ce Ministre, au contraire, appartenait, par tous les antécédens les plus divers, à chacun des partis qui voulait, il est vrai, terminer la révolution pour tous les autres, mais la continuer à son profit. Il serait difficile au comédien qui, sous trois noms, aurait joué trois rôles différens, de faire illusion, dans le quatrième, au point de laisser oublier qu'il n'est qu'un acteur qui changera le lendemain de costume et de langage : il obtient tout au plus des applaudissemens, et cela seul trahit le secret de la comédie.

Il est fâcheux que le Ministre dont il s'agit n'ait pas, à son avénement à la présidence du Conseil, consulté tel personnage qui lui aurait insinué de *renoncer franchement à la révolution et aux révolutionnaires*, *d'appeler à son aide la Religion*, *la morale et la justice*, *de ne faire choix que d'hommes irréprochables*, *et de conquérir dans la postérité la double gloire de ceux qui perdent et qui sauvent les empires*...... Etrange gloire en effet que celle de *perdre* les Etats ! Je ne sais quel usage le Ministre aurait fait de ces avis, au moins inutiles aujourd'hui, et dont il aurait droit de reprocher à leur auteur la tardive sagesse, s'il n'était pas démontré que cet

écrivain lui-même en aurait prévu la publication dangereuse et l'exécution impossible; mais je pense toutefois que si le conseiller officieux n'avait pas craint d'exciter le rire du Ministre lui-même, en lui disant qu'*il avait été trop long-temps absent de la France pour en connaître le véritable esprit*, ce Ministre, bien avisé, lui eût répondu : « Je
» connais assez la France, dont je ne suis moi-
» même que trop connu ; j'ignorais l'Europe ;
» je me suis absenté dix mois pour l'étudier,
» et je puis vous assurer que cette étude n'a
» pas nui à mon expérience. »

Ce qu'il faut dire pour dire la vérité, c'est que le Président du second Ministère, en rentrant dans le système des intérêts nés de la révolution, système dans lequel il sentait la nécessité de se fixer, ne s'y arrêta pas d'une manière assez franche pour être solide; il resta trop fidèle à cette indécision de caractère, et à cette habitude de ménagemens, qui avaient animé jusqu'à ce jour toutes les démarches de sa vie; l'Homme d'Etat faisait en lui trop de concessions à l'Homme de Cour : la réaction l'emporta avec son Ministère.

Pour nous, nous avons tous vu de trop près cet homme et les circonstances au milieu desquelles il a vécu, pour le juger avec impartialité ; l'avenir seul prononcera ; nos enfans liront ce que la justice commencera à dire de lui, par exemple, dans le *Journal de Paris du* 1er *Juin* 1840.

Il existe cependant sur ce personnage célèbre, une telle unanimité de préventions, je ne dis pas seulement en France, mais en Europe, que tout parti qui chercherait à s'appuyer de son nom, ou qui se rangerait sous son influence, donnerait par ce fait seul à la masse éclairée de la population européenne le secret de sa faiblesse, de son inexpérience, et surtout de son impopularité.

---

## CHAPITRE XLV.

### Suite du Précédent.

Ceux qui arrivaient du dehors purent s'effrayer, je le conçois, de voir appeler au Ministère un autre personnage qui, d'ailleurs, n'avait à se reprocher aucune félonie à l'époque du 20 mars, puisqu'il n'avait eu à reconnaître aucun bienfait avant cette époque fatale ; mais ceux qui étaient demeurés dans l'intérieur, ne devaient pas même s'étonner d'une nomination qui n'était que la conséquence naturelle de l'état des choses, de la position respective des hommes, et des derniers événemens.

*Sauvez le Monarque, et je vous réponds de la Monarchie !* Cette parole avait passé de bouche en bouche de Paris à Lille, à Strasbourg, à Marseille, à Bordeaux, et dans quel temps ? Au mois de Juin 1815. Cette parole d'un ministre de Buonaparte à un garde-du-corps du Roi avait révélé à la France entière le secret de la faiblesse de l'usurpateur, de sa chute prochaine, du retour du Souverain légitime ; cette parole avait ranimé les espérances de ceux mêmes qui se sont cru, au mois de juillet, autorisés à blâmer dans leur maître cette confiance dont ils lui avaient donné l'exemple, en l'homme au nom de qui cette parole avait été portée à Gand.

Les royalistes qui se rendaient à Gand recevaient des passeports ; ceux qui restaient à Paris n'étaient point inquiétés dans leurs espérances ; ils s'abonnaient publiquement au *Nain Vert*, qui leur annonçait de meilleurs jours. Qui de nous a été inquiété, à cette époque, par la Police du Ministre de l'usurpateur ? J'entendais, au fond des maisons, retentir l'air de vive Henri IV ; j'ai vu, dans les théâtres, des femmes coiffées en lis ; des journaux ont inséré des proclamations du Roi aux Français !

Ce n'est pas une apologie que j'entreprends ; je vous livre Fouché, mais je dirai quelques mots de M. le duc d'Otrante.

Que lui reproche-t-on à dater du 19 mars 1815 ?

D'avoir accepté un Ministère sous l'usurpateur ? Aucun serment ne le liait à la cause royale ; des antécédens personnels l'en détachaient; et c'est pour la servir qu'il a suivi le cours des événemens : il l'a suivi pour l'atteindre, pour le maîtriser et le rattacher à la restauration.

Est-ce l'usage de ses fonctions que vous lui reprochez ? Ce serait à l'usurpateur de s'en plaindre. Le nom du faubourg Saint-Germain est devenu technique ; je l'emploie à regret, parce que je ne hais rien tant que toute dénomination de coterie ; mais des déclamations contre le duc d'Otrante siéront toujours mal aux écrivains qui captent les suffrages d'une certaine classe de la société, de celle, par exemple, qui habite les hôtels du faubourg Saint-Germain. Dans ce cas, ou l'auteur manque de tact, ou il suppose que ses lecteurs manquent de bonne foi.

Est-ce la résistance factice de la Capitale, du 1er au 8 juillet, qu'on oppose à ce personnage? Je n'y vois que la lenteur prudente d'un homme expérimenté, attirant à lui toutes les choses, tous les moyens, tous les élémens d'opposition pour les livrer tous à la fois au Gouvernement légitime qui avait besoin de ressaisir toutes les garanties. L'armée évacue sur les rives de la Loire; Buonaparte va s'embarquer à Rochefort; on déchire dans les rues de Paris la proclamation des chefs de légions de la Garde Nationale; le Gouvernement provisoire se déclare inhabile et illégal; les Représentans sont chassés de la salle d'assemblée; et de transitions en transitions, le chemin est ouvert au Roi de France; il entre dans sa Capitale; il s'assied sur son trône: pas une goutte de sang n'a marqué la trace de son passage, à travers une population que la veille on excitait encore, et le duc d'Otrante est admis par Louis XVIII au Conseil des Ministres.

Il est bien facile, sans doute, de trouver le texte d'un mouvement oratoire dans cette nomination. Une apostrophe, une réticence, une exclamation, tout cela est fort beau en rhétorique; mais la politique a d'autres mystères, d'autres lois, d'autres profondeurs. Oui, sans doute, le Roi a prouvé qu'il n'y avait point de sacrifice que son peuple ne pût attendre de son cœur paternel. Prosternons-nous avec d'autant plus de respect et de reconnaissance que nous croirons plus grand le sacrifice qui est l'objet de notre admiration; et gardons-nous surtout d'imiter l'hypocrite douleur d'un sujet qui n'exprimerait une feinte pitié sur le malheur de la condition des

Rois, que pour s'armer des prétendues misères de leur rang contre les décrets de leur volonté !

Il y avait un noble préjugé et un admirable usage dans l'antique Monarchie : c'est qu'un homme touché de la main du Roi de France était guéri de la plus affreuse maladie, et absous du plus grand crime.

---

## CHAPITRE XLVI.

### Premier Projet du second Ministère.

Il y a des gens toujours bien informés de ce qui s'est passé dans les cabinets et dans les conseils des Rois, vous les trouvez tout prêts à vous expliquer les causes des événemens les plus graves, les moyens employés, tous les antécédens possibles et secrets. Il est vrai qu'ils combinent d'abord leurs révélations dans le sens des opinions qu'ils se sont faites d'avance sur telle chose ou sur tel homme. Que prouve de leur part cette érudition diplomatique ? De l'imagination, et voilà tout.

C'est bien peu de chose en politique ; j'entends dans la politique saine que consacre l'histoire ; mais c'est beaucoup dans cette politique de partis qui, toute composée de préjugés contre tels principes et contre telles choses, admet une doctrine sur sa couleur, un raisonnement sur sa forme, un homme sur son nom, un livre sur son étiquette. J'ai vu dans le courant du mois dernier un provincial qui, après avoir fait l'emplette furtive d'un livre prohibé, exprimait en deux mots son admiration laconique, et se contentait de répondre à ceux qui lui confiaient quelques objections contre les doctrines établies dans ce livre. — *C'est çà, c'est çà.* — Mais encore... — *C'est çà.* — Permettez donc.... — *C'est çà.* — Cet homme n'aurait pas renoncé, pour tout l'or, ni surtout pour toute la sagesse du monde, à cette formule d'approbation. *C'est çà*, répétait-il, en retournant ce livre dans ses mains. Il ne l'avait pas lu : les feuillets n'étaient point coupés.

Je me défendrai donc, pour ma part, de cette présomption qui enhardit certaines gens. Si je voulais rechercher le premier Plan du second Ministère (en supposant qu'un Ministère pût avoir deux Plans), je ne le chercherais pas dans des notions incertaines, et dans de fausses révélations ; je consulterais l'état des choses, et je regarderais comme un coup de haute politique, la défiance même que le Ministère inspirait, à cette époque, aux amis de la Cause royale, en laissant à une partie trop nombreuse de la population qui venait de prendre part aux scènes de l'interrègne, l'espoir de concessions nationales.

L'art des transitions est le plus difficile en politique comme en éloquence. Si les esprits d'auditeurs académiques se refusent à passer trop brusquement d'une idée à une autre, croit-on que les intérêts, les opinions et les amours-propres d'une grande Nation soient facilement transportés d'un état de choses à l'état contraire?

La conduite des Ministres, du 1er au 8 juillet 1815, fut donc, sans autre mystère, le développement suivi de cette vérité qu'on ne peut méconnaître impunément, que le premier soin à prendre dans toute révolution, c'est de ménager l'amour-propre des peuples : et c'est surtout en France que cette doctrine est applicable. Ainsi, ce qu'on appelle le premier Projet du second Ministère n'était, pour parler avec justice, que le premier conseil d'une prudence, qui consultait autant les besoins du moment que les éternelles leçons de l'histoire.

Je doute, avec beaucoup de raison, que le même homme, choisi le lendemain pour Ministre, par S. M. Louis XVIII, lui ait en effet proposé, la veille, avec dessein et avec désir de voir tout accepter, le titre électif de Roi par les constitutions, le licenciement de sa maison, les couleurs dites nationales, le maintien intégral de l'armée de la Loire, des deux Chambres créées par Buonaparte, et de l'acte constitutionnel qu'elles avaient rédigé à l'impromptu ; mais ce dont je ne saurais douter, sans mettre implicitement en question l'expérience et l'habileté des membres du second Ministère, c'est qu'ils ont dû laisser soupçonner en eux un semblable dessein, et qu'ils ont pu même jeter en avant de feintes propositions dans ce sens, mais non dans ce but : il le fallait ; il fallait grouper autour d'un espoir factice de prétendues concessions, tous les hommes et toutes les choses des cent jours, pour les placer sous la dépendance de la volonté du Souverain légitime. Le Ministère devait se mettre à la tête de cette révolte, pour la livrer, oserai-je me servir de cette expression, pieds et poings liés, à la légitimité. C'est ce qu'il a fait, c'est ce dont on l'accuse, parce qu'en matière de politique on se croit dispensé des conditions nécessaires pour être juge compétent, c'est-à-dire de bon sens et de bonne foi.

Childéric Ier fut le quatrième Roi des Francs : ce Prince, exilé par une faction puissante, se retira dans les états voisins d'un souverain allié. Le peuple Franc éleva sur le pavois un Romain nommé AEgydius (1). Cependant Childéric avoit brisé en deux parts une médaille dont il emportait la moitié dans l'exil en laissant l'autre moitié à l'un de ses fidèles serviteurs, nommé Viomade (2). Celui-ci, resté près de l'usurpateur pour préparer, par ses soins, le retour de son maître, devait l'avertir du moment favorable, par l'envoi du signe convenu. Viomade n'épargna aucun acte arbitraire, injuste ni cruel pour faire détester AEgydius et regretter Childéric; il bravait le mépris des uns, qui lui reprochaient d'avoir trahi le Souverain légitime, et la haine des autres, qui l'accusaient de servir la tyrannie. Tout cela finit par le renversement du Romain, et le retour de Childéric; mais l'histoire ne nous dit pas qu'on ait persisté dans le tort de blâmer la courageuse abnégation que Viomade avait faite de lui-même en faveur de son maître : sa conduite ayant été justifiée par le résultat, on ne fouilla point dans son cœur pour y rechercher de secrets desseins; on admira même la généreuse violence qu'il avait faite à son caractère : c'était alors le peuple Franc.

(1) Le comte Gilles.

(2) Ou Guyomans.

## CHAPITRE XLVII.

Suite du premier plan du second Ministère.

---

La théorie des systèmes d'accusation se perfectionne indéfiniment en France, et, grâce à cette sombre teinte d'humeur que les révolutions successives ont imprimée au caractère français, il est à craindre qu'à force d'être mécontens des autres, de nous-mêmes et de tout, nous ne présentions à l'Europe un spectacle décourageant pour elle et dangereux pour la France.

C'est un des traits distinctifs de l'époque actuelle que cette acrimonie de caractère, cette défiance de tout, cette amertume de pensée et de langage, qui règnent dans toutes les affaires et qui dominent tout le monde : tout est usé, il n'y a plus de naïveté dans les imaginations, de sel dans les goûts, de *soudaineté* dans les résolutions; tous les mots sont profonds; tous les regards semblent méditer; on ne trouve de goût à rien, on est froidement exalté; l'esprit de parti n'est plus lui-même qu'un calcul et une combinaison. On s'attend toujours à quelque chose : la France est tout entière comme sur le qui vive ; on va au jour le jour ; plus d'habitudes, plus de liens, plus de lendemain pour ceux à qui l'on parle toujours de la veille : le caractère national est effacé.

A quoi s'en prendre ? A cette rapide instabilité des institutions depuis vingt-cinq ans. Quel remède ? La stabilité. Quels moyens ? L'oubli du passé, le soin de l'avenir. Quels obstacles ? La commémoration de nos malheurs finis, la calomnie anticipée de nos destins futurs.

Qu'on me pardonne cette digression bien motivée par le sujet de ce chapitre. On fait entrer en ligne d'accusation contre le Ministère de juillet 1815, on donne même, comme condition du plan qu'il avait formé, la peur de soi-disant royalistes qui ne trouvaient rien de mieux à faire pour la Cause royale, que d'escalader clandestinement les barrières de Paris, pour aller répandre l'alarme à Saint-Denis, et publier de la meilleure foi du monde que la Maison du Roi serait massacrée, qu'il fallait prendre la cocarde tricolore, sous peine d'insurrection générale ; et cela, dans une Capitale où il ne restait pas un soldat, et qui n'était plus occupée que par des Gardes nationaux, dont la plus grande partie préparaient déjà ( malgré certaine proclamation de circonstance ) leurs cocardes blanches et leurs gibernes aux armes de France.

Les vrais royalistes, les Français sincèrement attachés à la Cause légitime, ne voyaient pas ainsi les choses : toutes les folies de la révolution résumées en huit jours de temps n'effrayaient point les hommes sages ; on ne redoutait point le Jacobinisme armé du cimeterre des Mameloucks : Buonaparte s'était affaibli par son alliance avec Barrère, et il y avait une grande prévoyance à faire lever à la fois toutes les têtes de l'hydre, pour tout trancher d'un seul coup et en un seul moment. Les vrais royalistes avaient plus de confiance dans les droits du Souverain légitime et dans l'amour de ses peuples.

Il est donc assez étrange qu'on signale comme un des élémens du premier projet de ce Ministère, la peur de quelques hommes pusillanimes. Est-ce donc en France qu'il faut calculer sur la peur, pour obtenir un résultat quelconque ? Et de qui serait-ce faire la censure, ou des partisans qui profiteraient habilement de la lâcheté d'un troupeau d'hommes faibles, ou de ceux qui ne craindraient pas de compromettre la plus noble, la plus généreuse des causes, par une timidité et des appréhensions qui ne doivent appartenir qu'à la mauvaise conscience des factieux. Je ne sais pas si le crime de cette époque serait celui des révolutionnaires qui auraient fait peur aux faux royalistes, ou de ces prétendus royalistes qui n'auraient point tenté de faire peur aux révolutionnaires.

---

## CHAPITRE XLVIII.

### Résultats du premier Plan du second Ministère.

LA peur des uns, la confiance des autres, le coupable espoir d'un petit nombre, l'attente de tous fut résolue par le fait seul de la présence de Louis XVIII ! Il parut, et devant lui tombèrent successivement aux cris de *vive le Roi* toutes les impressions étrangères à celles que son apparition n'a jamais manqué d'éveiller dans les âmes françaises : les esprits avaient été préparés avec tant d'art, que la promenade du cortége royal, depuis la barrière Saint-Denis, jusqu'au palais des Thuileries, fut une véritable fête de famille, dans laquelle l'amour des Parisiens pour leur Roi éclata avec d'autant plus de sincérité qu'il était spontané, sans apprêt, mais aussi nullement contrarié par ces oppositions convenues et ces scandales de parti qu'une entrée solennellement préparée aurait pu occasioner au milieu d'une population encore trop émue. Il y a eu dans cette politique quelque connaissance du cœur humain, et si cela est en effet ce qu'on appelle le premier plan du second Ministère, si ce qui en fut le résultat nécessaire en est considéré comme le renversement, rendons grâce à cette habile feinte qui protégea la sécurité de l'entrée du Roi dans la capitale de son Royaume, plaignons ceux qui se mêlent de politique, sans discerner les causes positives des événemens, et admirons la haute sagesse du Monarque qui appela dans son Conseil ces hommes mêmes dont l'habile délicatesse avait ménagé la Majesté souveraine, et l'amour-propre national!

Après avoir examiné le côté politique de cette question, je discuterai l'opinion élevée et combattue tour-à-tour que tel ou tel Ministre personnellement est ou n'est pas indispensable pour le salut d'un Etat.

Dans la Monarchie absolue, un homme est tout, soit qu'il gouverne sous le nom de Roi, soit même sous celui de premier Ministre : le siècle de Louis XIII fut le règne de Richelieu.

Dans la Monarchie constitutionnelle, les principes seuls sont quelque chose : un Ministre n'est rien par lui-même, mais tout par le système qu'il représente; c'est à ce titre seul qu'il obtient une grande influence, et c'est aussi dans ce sens qu'il peut devenir indispensable pour le salut de l'Etat. La Nation considère en lui les principes qu'il défend, le système politique dont il est le chef et le moteur; et son éloignement du Ministère serait une renonciation publique de la Couronne à ce système, quel qu'il fût. Le changement d'un Ministre, dans une Monarchie constitutionnelle, n'est pas le changement d'un homme; c'est une révolution politique dans le Gouvernement, et les conséquences de ce déplacement s'étendent à toutes les personnes et à toutes les choses qui dépendaient du système renversé.

Il y a entre l'importance d'un Ministre dans une Monarchie absolue et celle d'un Ministre dans une Monarchie constitutionnelle, la différence qui existe entre les hommes et les choses, entre les individus et les principes.

La distinction des *hommes* et des *choses* n'est plus aussi vague qu'elle a pu l'être : ce ne sont plus de vains mots; nous n'avons jamais mieux senti le besoin de les séparer, que depuis qu'on nous a fait connaître le danger de les confondre. Et, en effet, la tactique le plus communément employée aujourd'hui contre des principes généraux, ce sont les applications individuelles; on s'arme des hommes contre les choses; expliquons-nous : on accuse la révolution française, en lui reprochant les crimes de certains hommes; on en calomnie les résultats, en lui opposant les malheurs d'une classe d'individus. Qu'est-ce que les forfaits d'une poignée de scélérats prouvent d'ailleurs contre un mouvement d'opinion publique? De quel poids seront les malheurs d'un nombre de personnes, quel qu'il soit, balancés avec des institutions bienfaisantes, conquises par une société tout entière, pour un avenir illimité? C'est un bien faux raisonnement que celui qui consiste à calomnier des faits par des exceptions, des principes par des individualités.

Sont-ce des hommes ou des choses qui gouvernent le monde? Voilà d'abord ce qu'il faut demander. L'ignorance ou la mauvaise foi hésiteraient seules à répondre. Les intérêts, c'est-à-dire les besoins du peuple, forment son opinion publique; celle-ci dicte les lois, les lois régissent les états; tout gouvernement n'en est que l'organe: chaque peuple est donc régi par ses besoins.

Comme dans la fable, Thésée éternellement

attaché sur une pierre immobile, adressait aux pâles habitans du Styx ce tardif conseil: *Discite justitiam moniti et non temnere Divos*; ainsi Buonaparte, sur son rocher de Sainte-Hélène, semble crier aux puissances du monde : *Malheur à qui méprise l'opinion publique.*

Buonaparte n'était qu'un homme; il gouvernait avec des hommes ; tout cela s'est écroulé : des choses sont venues se mettre à la place ; la légitimité, les principes constitutionnels, la Royauté et la Charte, se sont élevés sur les débris d'un homme. La force des hommes est bien faible : celle des choses est terrible.

J'ai insisté sur ce développement, parce qu'il renferme toute la doctrine de l'influence personnelle d'un Ministre dans une Monarchie constitutionnelle; et si, en effet, le système représenté par un Ministre est utile au salut d'un Etat, la conséquence en est la nécessité du Ministre lui-même. Cette vérité constitutionnelle appartenait au fonds de cet ouvrage : elle n'était, je l'avoue, qu'accidentelle dans ce chapitre.

---

## CHAPITRE XLIX.

### Division du second Ministère.

On nous dit que le Ministère se divisa après l'infructueux essai de son premier plan. Tout cela est hypothétique : je n'entends rien à ces suppositions gratuites d'un premier plan, d'un second plan, et d'une division du Ministère. La marche des hommes qui le composaient pouvait-elle donc être la même après le retour du Roi dans sa capitale, qu'au moment de sa rentrée dans le Royaume? Avant le 8 juillet, il s'agissait d'amener le peuple au Roi légitime, par une pente douce; après le 8 juillet, il fallait, à force de justice et de fermeté, consolider le trône. Le Ministère le sentit, et ces mêmes Ministres qui, la veille, avaient demandé des concessions à l'autorité légitime, le lendemain exerçaient, au nom de cette autorité, le pouvoir le plus inflexible et la plus rigoureuse justice : des listes furent dressées.

Ces listes étaient contresignées par le même personnage dont les partis extrêmes demandaient à la fois que le nom fût inscrit en tête ; comme si ces haines ne se condamnaient pas les unes par les autres, comme si des accusations contraires ne se réfutaient pas mutuellement, comme si enfin tout homme politique n'était pas justifié par cela même qu'on le verrait accusé par tous les partis. Ne serait-ce pas, me direz-vous, parce qu'il les aurait tous trahis ? Non, mais parce qu'il n'en aurait voulu servir aucun.

Quelle est donc cette bizarrerie d'hommes qui s'en prennent à tant d'individus et à tant de positions, des incertitudes et des inconséquences qui ne sont qu'en eux-mêmes. Que veulent-ils ? qu'espèrent-ils ? quels moyens ont-ils donc ? quels auxiliaires ? jusqu'à combien se comptent-ils entre eux ?

Le Ministre dont il est question dans le chapitre XLV de cet ouvrage avait voulu, disent-ils, faire adopter le système *révolutionnaire ;* il n'avait pu y réussir : on en revint, malgré lui, au système *constitutionnel.* Voilà donc une distinction bien établie entre ces deux systèmes; et, cependant, avec d'autres hommes, à d'autres époques, on emploie indifféremment les mots *révolutionnaires* et *constitutionnels* : ce dernier mot, dans la langue d'un parti, n'est que le synonyme de l'autre. Quelle contrariété ! C'est qu'il n'y a rien de plus fécond en contre-sens que la mauvaise foi. On ne surprend jamais une contradiction dans le langage de l'homme qui a toujours dit la vérité : on ne commence à mentir aux autres qu'après s'être menti à soi-même.

Comment qualifier, par exemple, l'inconséquence que je viens de signaler? Le système constitutionnel a fait avorter le système révolutionnaire, et d'un autre côté on attribue le nom de révolutionnaires à ceux qui se disent constitutionnels. Sait-on bien d'abord ce que signifient tous ces mots? En a-t-on pesé la valeur? N'en sommes-nous pas venus en France à ces temps malheureux de la décadence des mœurs et de la langue d'un peuple, pendant lesquels il n'y a rien de si aisé que de faire abus des mots, rien de si difficile que d'en fixer l'usage?

C'est d'ici que date la partie la plus sérieuse de cet ouvrage, celle que je réserve à l'examen des *intérêts* dits *révolutionnaires.* Si quelques hommes, par hasard, n'avaient composé de gros volumes que sur des contre-sens de mots, il ne serait pas indifférent de chercher à rétablir les acceptions réelles, les définitions positives. Je vais l'essayer; mais je dois, avant tout, compléter l'historique des Ministères qui ont précédé le Ministère actuel, et dont les systèmes, semblables dans le fonds, modifiés dans la forme et par les circonstances, ont fourni le texte de la discussion que je me propose d'établir.

Le président du second Ministère, qui avait été d'abord entraîné, dit-on, par un de ses collègues (je laisse aux hommes qui ont su juger l'un et l'autre de ces Ministres à décider jusqu'à quel point ils pouvaient obéir à une influence réciproque), le président du Conseil revint bientôt à des *idées plus justes*, et désira sincèrement administrer dans le sens *royaliste* et *constitutionnel* (1), c'est-à-

(1) Je ne sais ce que signifie cette alliance de mots qui semble supposer qu'ils peuvent se diviser, et avoir un sens particulier, indépendamment l'un de l'autre : c'est le Roi qui nous a donné la Constitution; c'est par la Constitution que le Roi gouverne : la Charte et la Royauté sont inséparables comme la France et les Bourbons. Qui dit royaliste, dit implicitement constitutionnel, *et vice versâ*. Ce qu'il y a de mieux à dire, il est vrai, c'est Français, ou sujet du Roi de France : cela n'exprime ni un parti ni une opinion, mais un sentiment et un devoir.

dire qu'il fut entraîné dans un autre sens et ce que l'on veut bien appeler *des idées justes*, c'est l'adjonction des vingt électeurs aux colléges, ce sont les *destitutions épuratoires* faites à cette époque, ce sont enfin tous les moyens employés pour opérer l'élection de cette Chambre de Députés, dissoute par l'ordonnance du 5 septembre.

Ainsi, l'homme de la révolution le plus expérimenté en fait de partis et d'intrigues fut séduit un moment : il ne s'aperçut pas qu'il se laissait emporter par une réaction plus forte que l'action régulière des lois et de la volonté royale, et bientôt plus forte que lui. Son collègue l'en avertit, et tandis que le premier Ministre contresignait des ordonnances, au nom du parti qui lui en avait dicté la teneur, le second Ministre (car ces deux hommes formaient à eux seuls le Ministère entier) rédigeait deux rapports dont la publication, imprudente sans doute, fut salutaire, au moins dans ce sens, qu'elle désenchanta le président qui se laissait éblouir, et qu'elle décida la retraite du Ministère entier : il était temps, le chef du Ministère, il faut le dire, allait accorder, dans l'intérêt de son ambition et de son orgueil flattés, toutes les concessions qu'un parti puissant en aurait exigées contre les intentions du Roi, contre les besoins de la France.

Celui qu'on accuse de s'être aveuglé sur sa position fut au contraire le plus clairvoyant des deux, car il ouvrit les yeux de l'autre.

La division supposée dans le Ministère, c'est-à-dire entre les deux Ministres, n'était donc que l'effet de la différence des caractères individuels : l'un invoquait sans cesse les leçons du passé, dont il possédait une profonde expérience ; l'autre, moins désintéressé personnellement, se livrait volontiers aux illusions de l'avenir dont s'emparait son ambition : aussi, n'eût-il été que trop facile d'entraîner celui-ci dans une politique nouvelle, fondée sur les débris de toutes les institutions consacrées ; son collègue, resté fidèle, non aux hommes, mais aux choses de la révolution, marchait avec le siècle, et n'imaginait aucune transaction possible entre ce qui était et ce qui n'était plus : tous deux furent obligés de céder au mouvement brusque et rapide d'une réaction momentanée. Peut-être même leur éloignement est-il un bienfait de la tentative d'une contre-révolution qui eut lieu à cette époque, et qui, en échouant contre les principes, au moins emporta ces deux hommes.

L'histoire de ces deux Ministres ne serait-elle pas tout entière dans ces paroles du grand et bon Roi dont on ne se lasse de citer ni les discours ni les actions : un des plus forcenés ligueurs avait été admis par le Monarque dans sa compagnie des gardes, et le Roi, en le montrant avec confiance à ses plus anciens serviteurs, un jour qu'il était à sa portière, leur disait : « *C'est le soldat qui m'a blessé à la journée d'Aumale.* » Voilà pour l'un. — Voici pour l'autre : « *Approchez, Monsieur*, disait Henri IV à un courtisan connu par ses inconstances politiques, *approchez* (le Roi jouait), *soyez le bien venu, si nous gagnons, vous serez des nôtres.* »

---

## CHAPITRE L.

### Actes du second Ministère et sa chute.

Les actes émanés d'un Ministère sur lequel agissait l'influence contraire des deux partis qui sont aujourd'hui en présence, ne pouvaient être que contradictoires, et le système de l'unité du Ministère, première base de la Monarchie constitutionnelle, avait trop à souffrir des atteintes que les concessions, consenties chaque jour, portaient à un plan général et à l'unité d'action, pour que la démission des Ministres ne fût pas de la plus grande urgence.

Ils se retirèrent en donnant au parti devant lequel ils faisaient retraite, avec la confiance d'une victoire, l'espoir de plus grands avantages, et en laissant aux Ministres qui leur succéderaient le poids des concessions qu'ils avaient accordées, et l'héritage d'un pouvoir grévé de tous côtés par les empiétemens du parti.

Les réactions commises dans quelques villes

du Midi condamnaient seules le Ministère qui, s'il n'avait pu les arrêter, ne savait pas même les punir. A cette époque, un homme ivre proférait dans une rue déserte, au milieu de la nuit, un cri presqu'étouffé dans les sanglots du vin, et un jugement légal prononçait contre lui trois ou cinq ans d'emprisonnement, une amende, une longue surveillance; cependant un réacteur du Midi racontait avec jactance, en plein jour, au milieu d'une place publique, les noms de ses victimes, les circonstances des assassinats, et l'on confiait aux mains de cet homme un fusil pour garder ses concitoyens; des peines sévères étaient réservées au malheureux artisan qui avait oublié, dans le fond d'une armoire, une cocarde aux trois couleurs, et l'on voyait des populations entières arborer, dans quelques villes, des cocardes dont on altérait la blancheur par une couleur qui assurément n'était pas plus nationale!

Voilà des fautes bien graves que l'histoire reprochera à ce Ministère. Je ne le dissimule pas, c'est dans cet état de désordre qu'il a légué l'administration au Ministère actuel, et si l'on veut mesurer toute la distance que la sagesse des Ministres a parcourue depuis cette époque, tous les progrès de leur fermeté, il suffit de faire remarquer que simultanément, ils ont fait mettre en jugement, à Nismes, les assassins du général Lagarde ; à Toulouse, les assassins du général Ramel !

Sans doute, tel n'était pas le rôle dont ce second Ministère pouvait s'emparer. Il pouvait se donner envers un parti le mérite d'une éclatante et prompte justice, en se réservant envers l'immense majorité de la France, celui d'une amnistie immédiatement prononcée et irrévocablement maintenue : placé entre deux parties de la population qui lui demandaient, l'une la vengeance, l'autre l'oubli, il pouvait satisfaire, par quelques actes de sévérité politique, aux justes clameurs des uns, et par un grand acte de clémence royale, aux vœux de la plus grande partie de la Nation. *Frappez fort, mais vite* : ce dicton est un axiome p litique ; on l'a trop méconnu : le plus sage législateur de l'antiquité, Solon, après de longues agitations politiques, au premier retour de l'ordre, mit la réconciliation et la paix publiques sous la protection et la garantie du Ciel ! Eh ! combien ne fait-il pas espérer, le gouvernement qui déclare qu'il veut oublier ! Il convertit les craintes en espérances ! il enrichit son avenir de tous ses sacrifices dans le passé. Punir les coupables, rassurer les faibles, calmer les inquiétudes, recouvrir promptement d'un peu de terre quelques crimes, et d'un voile épais toutes les fautes, faire aussitôt retentir dans la France la voix du pardon, commander la réconciliation avec autant de vigueur que le châtiment, et publier, à deux jours de distance, dans la *Gazette Officielle*, la liste de proscription et la loi d'oubli, voilà ce que le Ministère a dû faire; l'a-t-il pu ? J'en doute, et il y a tout lieu de croire qu'on exigeait trop d'une part, en lui permettant moins de l'autre.

S'il en avait agi de cette manière, nos yeux, il est vrai, ne seraient point incessamment blessés de l'insertion, dans les gazettes, de jugemens périodiques, de sentences intermittentes, dont l'effet positif est nul, et dont l'influence morale n'est que trop dangereuse; on n'aurait point, par des accusations tardives, provoqué des justifications d'autant plus étranges, que seize mois après le second retour du Roi, après l'irrévocable adoption de la légitimité comme premier principe de la constitution nationale, on discute encore les gouvernemens de droit et de fait.

J'avoue ces torts du second Ministère; mais qu'ils retombent sur les provocateurs à la vengeance, sur les conseillers de supplices, sur les artisans de divisions. A-t-il donc mérité la haine publique le Ministère qui leur a refusé son aide et a préféré l'abdication de son pouvoir à la complicité de leurs excès? Ne lui assignons, pour être justes, que le blâme encouru par toute autorité qui recule devant le danger; qui, après avoir accepté une mission hasardeuse, refuse d'én subir les épreuves; qui, enfin, n'ose envisager le péril là où il est véritablement, sous quelque prétexte qu'il se couvre, quelque couleur qu'il emprunte.

Je l'ai dit, la divulgation des deux fameux rapports de l'un des Ministres n'eut lieu que pour avertir l'autre; elle décida la retraite de tous: la session allait s'ouvrir, mais l'ombre d'une Chambre constitutionnelle n'aurait sans doute pas effrayé de tels hommes, s'ils n'avaient vu derrière elle l'ombre plus grande d'un parti élevé qui, comme Agrippine au Sénat, invisible et présente, serait l'âme de l'assemblée.

---

## CHAPITRE LI.

### Du troisième Ministère. Ses actes. Projets de Lois.

Me voici sur un terrein plus ferme : c'est avec des sophismes que les deux Ministères précédens ont été attaqués, et malheureusement il a fallu quelquefois recourir, pour les défendre, à des armes semblables. Ici, l'on attaque avec des erreurs de mauvaise foi ( car j'emploie toujours les termes polis ) : c'est la vérité, la simple vérité qu'il suffit d'opposer. Ce n'est plus le défaut de la cuirasse que je vais m'étudier à chercher : je heurte de front, visière baissée, lance en arrêt.

Si les auteurs de pamphlets célèbres ont cru devoir semer dans leurs écrits quelques-unes de ces questions chatouilleuses que les passions accueillent toujours avec empressement, parce qu'elles se chargent du commentaire, on ne s'étonnera pas que je laisse échapper par intervalles quelques boutades de brusquerie et de franchise, qui tranchent ordinairement les discussions, parce qu'elles énoncent un de ces principes absolus, un de ces faits positifs contre lesquels toute la subtilité des rhéteurs et toute la souplesse des courtisans viennent expirer.

Les nouveaux Ministres s'installèrent en même temps que la nouvelle Chambre : les deux rôles étaient clairement indiqués, une union franche et suivie de la Chambre et du Ministère dans un dévouement égal aux volontés du Roi et aux véritables besoins de la France. Partis du même point, au même moment, les Ministres et les Députés devaient tendre au même but : il n'en a pas été ainsi; il y a eu divergence. Apparemment que le Ministère a suivi seul la droite ligne, puisque le Roi a dissout la Chambre; l'exercice de cette haute prérogative n'est en effet qu'un jugement prononcé par la Couronne entre les pouvoirs au-dessus desquels elle s'élève, toujours inviolable, toujours infaillible. La Chambre des Députés aura donc obéi à une impulsion étrangère et séductrice, puisqu'au bout d'une carrière de sept mois, elle s'est trouvée si éloignée du but commun où les intérêts de la Nation se réunissent harmonieusement avec les volontés du Roi. Il faut le croire; c'est peu même; il est aisé de le prouver.

D'un autre côté, ce Ministère contre lequel on a élevé tour-à-tour, avec une si étrange inconséquence, des reproches de rigueur ou de faiblesse, de trop ou de trop peu d'attachement aux principes constitutionnels, ce Ministère, accusé par les mêmes coteries d'invoquer trop souvent le nom et la volonté du Roi (comme s'il avait une autre mission que celle de défendre la prérogative royale), et puis de trahir, oui de trahir, on a osé, on ose encore proférer cette calomnie, et ce n'est pas dans l'obscur réduit de quelque factieux obscur, mais dans des salons de bonne compagnie, dans les cabinets de personnages en crédit, dans les écrits d'hommes publics, ce Ministère, qui n'a jamais eu besoin d'employer d'autres moyens de justification que la seule publicité des absurdes accusations dont il était l'objet, et des basses intrigues mises en jeu contre lui, ce Ministère a donné à la légitimité et à la Charte, au Roi et à la France, toutes les garanties respectives de leurs droits et de leurs besoins. Les projets de lois présentés par les Ministres, et que l'on veut bien qualifier de *grands actes d'administration*, furent aussi de grands actes de politique. Quelques-uns, considérés constitutionnellement, avaient besoin de l'excuse d'urgence; ils furent accueillis avec le plus d'empressement; d'autres, qui n'étaient que les conséquences législatives de principes constitutionnels, telle que la loi sur les élections, furent écartés; mais au moins doit-on reconnaître que l'autorité royale a retiré tant de force de l'application de ceux des projets qui ont été adoptés, qu'aujourd'hui même la Couronne se trouverait presque forcée, surtout d'après l'ordonnance du 5 septembre, d'abdiquer d'elle-même, dans l'intérêt de sa force réelle, cette surabondance de moyens que lui ont conférée les lois temporaires, dont le Ministère a rédigé le projet et suivi l'exécution.

Ainsi, ce Ministère, dont les perturbateurs du repos public ont fait d'abord de si grandes plaintes en décriant la rigueur des mesures proposées par lui, et que les prétendus amis de la Monarchie ont accusé et accusent encore avec tant d'amertume, en lui reprochant la mollesse de ses résolutions et la tiédeur de son zèle, peut argumenter de ce contraste contre tous ses ennemis, et prouverait, au besoin, qu'il n'a jamais commis une faute ni contre le Roi, qu'il sert avec le plus entier dévouement, et dans les mains duquel il a remis des moyens formidables, ni contre la Nation française dont il a prévu les besoins et ménagé l'amour-propre, en prenant la précaution de limiter la durée de ces lois, et en proclamant que le Roi ne se réservait, dans l'avenir, de moyens de défense et d'autorité, que l'amour des Français!

Si la Chambre des Députés avait consenti, pour son honneur, comme pour le repos de la France, à suivre les principes constitutionnels, à marcher avec le Roi, avec le Ministère, c'est-à-dire, avec la majorité de la Nation française, avec le siècle, avec l'Europe civilisée, jamais travaux politiques plus importans et plus brillans à la fois n'auraient consolé un grand peuple, après tant de folies, d'erreurs et d'humiliation.

Des préjugés intervinrent : on commença par des préventions contre tels hommes ou telles choses; on continua par des tracasseries indignes d'un grand corps politique, et surtout des circonstances où l'Etat se trouvait placé; on finit par des calomnies; et au moment où, pour garantir, je ne dis pas la gloire française, mais au moins la dignité qui sied à une grande nation frappée de revers, il n'y avait pas assez peut-être du concours de toutes les volontés, de tous les efforts, de tous les sentimens, de tous les sacrifices, on a vu des hommes empressés de diviser et de subdiviser, d'épurer et de répurer, comme s'il y avait déjà trop d'ensemble dans cette immense population divisée par tant de factions qui s'étaient précipitées tour-à-tour dans une ruine commune, heureusement sans avoir pu y entraîner la patrie avec elles. Tout nous unissait, la volonté du Roi, le salut de l'Etat, la leçon sévère du 20 mars, le traité du 20 novembre, tout confondait les Français en les rapprochant : le niveau du malheur avait passé sur toutes les têtes, à quelqu'époque que ce fût. Qui de nous n'avait pas eu sa part de tant de maux? Quel Français n'avait pas un regret ou un ressentiment à déposer sur l'autel de la patrie, au pied du trône légitime! Eh bien! c'est au nom des intérêts de la royauté qu'on a renversé l'autel de réconciliation : on a osé attenter à cette Charte, à cette arche d'alliance élevée au milieu des peuples par les mains de la Sagesse couronnée ! Imprudens, vous touchiez à la base du trône !

Le Ministère s'est montré le constant défenseur des garanties consacrées par la Charte, et voilà ce qu'on appelle *gouverner la France dans le sens des intérêts révolutionnaires !* Entrons dans l'examen de ces *intérêts*, ou plutôt fixons la définition de ces *mots :* c'est sur eux que repose le faux système de l'*ultra-royalisme.*

---

## CHAPITRE LII.

Ce qu'on entend d'abord par le mot *révolutionnaire;* quels hommes ont embrassé le système dit révolutionnaire, et quels autres ont adopté le système *ultra-royaliste.*

J'ENTENDS toujours parler de la *révolution française* : ce mot n'a plus de sens. Il y avait, en 1791, une révolution française; aujourd'hui, si vous voulez conserver le nom de *révolution* aux événemens qui se sont succédés depuis vingt-cinq ans, appelez-la *révolution européenne*, *révolution du* 19e *siècle*, mais ne la resserrez pas dans la France : elle est partout, elle marche de front du Nord au Midi de l'Europe ; la prédiction de Gustave III est accomplie ; la révolution française a fait le tour du Monde; elle a traversé l'Océan ; il ne lui reste plus qu'une chaîne de montagnes à franchir en Europe.

Qu'est-ce que *la révolution*, dans un sens absolu? Ce mot n'appartient ni à la morale, ni à la philosophie; il appartient à l'histoire, comme le mot de *révolution céleste* à l'astronomie : il est, dans l'histoire morale des peuples, le complément de certaines lois établies par la raison et développées par le temps, comme les révolutions célestes sont, dans l'histoire naturelle du monde, l'accomplissement des principes posés par le Créateur. Le contre-sens le plus coupable, commis à cet égard, consiste donc dans une confusion des effets avec les causes ; c'est-à-dire qu'on a eu tort de discréditer le mot de révolution, en l'appliquant aux excès criminels qui ont été commis en son nom, au lieu de ne l'attribuer qu'à des causes générales. Les comètes sont (au moins on le croit encore) des exceptions dans l'ordre céleste, qui ne prouvent rien contre le mouvement régulier des planètes : si le cours de l'histoire se précipite quelquefois outre mesure, c'est un torrent qui cause des ravages; mais s'il faut ne rien épargner pour le faire rentrer dans son lit, on ne doit pas essayer pour cela de le faire remonter à sa source : le passé ne peut pas être remis en question par le présent; ce qui est fait est fait : rendons aux événemens leur cours naturel ; mais quels moyens la pauvre humanité aurait-elle de s'inscrire contre le cours et l'ouvrage du temps ?

La révolution française a tout déplacé, *les choses* et *les hommes;* voilà ce qu'il faut considérer d'abord pour juger sainement les accusateurs et les apologistes de cette révolution : établissez la distinction de la partie toute morale de la révolution française, et de celle qui comprend ses effets matériels ; séparez les causes des moyens, et la théorie des applications; ne confondez point les principes et les faits, c'est-à-dire, l'influence d'une réforme politique *sur les choses*, et le contre-coup *sur les hommes.*

Les bienfaits de la révolution appartiennent à cette première partie, ses torts à la seconde : un état n'est pas impunément réparé jusqu'en ses fondemens. Beaucoup de gens affectent de ne parler que des crimes de la révolution ; écartez de vous ces accusateurs de leur patrie, de leur siècle et de leurs contemporains. Plusieurs ne rappellent que ses fautes, ses erreurs : ces hommes là n'ont eux-mêmes que le tort de n'avoir pas assez comparé les différentes époques de l'histoire ; ils y auraient vu que les fautes des gouvernans et les erreurs des peuples forment une grande partie de l'histoire universelle ; n'accusez point leur pensée, plaignez-les seulement de n'avoir vu que cela dans cette époque moderne. D'autres enfin ( et ce sont les seuls, les véritables Français ), d'autres ne mentionnent qu'à regret ce qu'ils appellent avec un juste sentiment de patriotisme et d'impartialité, les malheurs de la révolution : oui, les malheurs ; aucun autre mot ne convient. Il y a eu, dans l'espace de douze ans, trois attentats régicides : ceux de Clément, de Jean Chastel, et de Ravaillac. A-t-on imaginé de noircir le seizième siècle tout entier de l'horreur de ces crimes ? La révocation de l'Edit de Nantes a ruiné un grand nombre de familles ; le dix-septième siècle en a-t-il moins brillé dans l'histoire ? Les forfaits commis à certaines époques de la révolution appartiennent à quelques individus ; mais la Nation française tout entière n'est elle-même intéressée que par ses malheurs dans la révolution ! Eh ! ne lui en ravissez pas le fruit ! il est trop bien payé. Tout ce qui est resté attaché au sol de la patrie (et l'émigration bien calculée se réduit à un sur dix mille ), tout ce qui a subi les tyrannies successives qui se sont élevées l'une sur l'autre pour étouffer sous leur chute commune l'esprit national et les libertés publiques, toutes les familles qui composent cette masse indigène n'ont pas été, plus que celles qui s'étaient réfugiées sous un ciel étranger, épargnées dans leur existence politique : ceux qui ont évité Robespierre, en abandonnant, il est vrai, leurs biens qu'ils ont perdus, ont-ils bonne grâce d'envier le sort de ceux qui ont eu à supporter Buonaparte, et à pleurer leurs enfans qu'il leur arrachait? Les uns et les autres ont-ils donc à se reprocher ou à se redemander quelque chose : j'aurais cru plutôt qu'ils avaient à se consoler entre eux de leurs communes disgrâces.

Pour faire sentir toute l'absurdité du mot *révolutionnaire*, il suffit d'en parcourir, une à une, les applications. Les voici : « Vous avez
» respiré l'air de la patrie pendant 25 ans;
» vous avez eu à redouter la hache des septem-
» briseurs, ou les cachots du Directoire;
» vous avez payé les énormes impôts créés
» par Buonaparte; vous lui avez livré tour-à-
» tour vos enfans; vous avez contribué peut-
» être de votre part à la perfection des arts
» et des sciences si rapide depuis vingt ans;
» peut-être avez-vous cru que la valeur fran-
» çaise s'était honorée à quelques époques;
» vous avez versé des larmes de joie en en-
» tendant le premier cri d'un Bourbon qui,

» à son retour, ne voulait rien apercevoir » de nouveau en France, qu'un *Français de* » *plus* (1); vous avez espéré la réconciliation » générale proclamée par votre Roi, par sa » famille : « *Oublions tout le passé*, *que les* » *Français soient tous frères* (2); vous avez » reçu avec une reconnaissance presque égale » au bienfait, la Charte, cette garantie qui » renferme toutes les autres; enfin, vous ado- » rez le Roi dans ses volontés, comme il aime » la France dans tous ses sujets; vous de- » mandez la paix intérieure, achetée par la » paix étrangère : vous oubliez pour qu'on » oublie : vous êtes un révolutionnaire. »

Un mot injurieux avait été aussi adopté par des factieux subalternes contre une classe entière de personnages protégés par le double prestige des malheurs et des vertus. L'indignation publique a fait justice de cette expression insultante, qui n'a plus trouvé place que dans les libelles dégoûtans publiés hors de France, par quelques mauvais citoyens déconcertés dans leur coupable espoir; mais un nom consacré par l'Europe entière, et

(1) Paroles de S. A. R. Monsieur, à Paris.

(2) Paroles de S. A. R. Mgr le Duc d'Angoulême.

qui fut long-temps usité chez les peuples étrangers, dans des publications semi-officielles, avant d'être admis en France, c'est celui d'*ultra-royaliste;* la définition en est tout entière dans la contre-partie de celle que les *ultra-royalistes* donnent eux-mêmes du mot *révolutionnaire.* Je m'abstiens de l'écrire, et je laisse à mes lecteurs le soin de la suppléer.

Ce rapprochement seul donne la mesure des forces de ces deux partis. En comparant leurs principes, il est aisé de calculer le nombre respectif des Français qui les composent. J'ai prononcé à regret le mot de partis; mais pourquoi hésiterais-je à nommer ce qu'on n'hésite pas à faire, ce que personne ne peut se refuser à reconnaître.

Des partis! Il en est donc encore au sein de notre patrie si long-temps, si cruellement déchirée. Il en est, et le soin de les éterniser est affecté par ceux-là mêmes dont l'intérêt est le plus essentiellement attaché à leur conciliation! Et l'on calomnie le zèle des hommes d'Etat qui ne tendent qu'à en faire disparaître les sentimens et les dénominations! Le peuple, dans les théâtres, applaudit avec transport ce vers national :

Est-il d'autre parti que celui de nos Rois!

Et, dans les salons des riches, dans les cabinets de quelques hommes puissans, dans les gothiques châteaux de nos vieux gentilshommes, on a créé un *parti royaliste*, étranger, que dis-je? contraire aux volontés du Monarque! On s'y est armé de la Royauté contre le Roi, du passé contre le présent, de la morale contre la politique, de ce qui n'est plus contre ce qui est, des intérêts d'une caste contre les intérêts d'une nation, enfin, des débris de l'antique Monarchie contre l'édifice de cette Monarchie nouvelle, réparée d'après les lois constitutionnelles, comme on réédifie, d'après les règles de l'architecture moderne, les monumens gothiques renversés par le temps! Le Français ne consentira pas plus à oublier ce qu'il est, et à renoncer à ce qu'il a, que l'émigré à perdre le souvenir de ce qu'il était, et le regret de ce qu'il avait. C'est dans cette contrariété que l'on compromet la situation actuelle de la France. Il s'agit de savoir en faveur de qui le problème sera résolu, de vingt-sept millions neuf cent-cinquante mille individus, ou de cinquante mille autres : s'il n'y a pas égalité de nombre dans les hommes, il n'y a pas plus parité de droits dans les choses. Le présent et l'avenir seront-ils sacrifiés au passé? Voilà le problème réduit à la plus simple expression.

Une réflexion consolante se mêle aux alarmes inséparables de la conviction acquise de l'existence de deux partis : le dénouement de la révolution approche, puisqu'à aucune époque de nos longues dissensions, il n'y a eu de démarcation plus prononcée entre les partis, et que le caractère de chacun d'eux n'a été plus simplifié à la fois et plus décidé. Les périodes successives des gouvernemens, dont la suite est comprise sous le nom de révolution, ont été marquées par des luttes plus ou moins vives, plus ou moins longues de plusieurs partis secondaires. La multiplicité même des subdivisions qui existaient dans les opinions politiques, les convenances, les ambitions, les sentimens, les intérêts, nuisait à la force respective de chacun des partis, et empêchait la décision de la lutte : aujourd'hui il n'y en a plus que deux : l'un, toujours isolé, toujours seul avec lui-même; l'autre, qui a englouti dans son sein toutes les subdivisions politiques, s'enrichit encore chaque jour des pertes que le parti contraire s'impose à lui-même par le goût qui lui est propre de l'épuration progressive, et par le retour de quelques-uns de ses membres à des idées plus saines; celui-ci, plus identifié avec les intérêts de la patrie, avec les besoins des circonstances; celui-là, resserré dans les intérêts de quelques hommes, dans les besoins de leurs passions; l'un, docile à l'impulsion du siècle et à la voix du Monarque; l'autre, rebelle aux lois de l'époque, sourd aux avertissemens du pouvoir!

J'ai expliqué ce qu'une classe d'individus entend par le nom de *révolutionnaires;* j'ai indiqué ce que la France et l'Europe ont signalé sous le nom d'*ultra-royalistes :* de ces deux mots et de leurs intérêts respectifs découlent deux systèmes contraires; et le signalement des deux classes d'individus caractérise la nature du système auquel l'une et l'autre s'attache. Heureusement, les rôles sont marqués, les vœux secrets sont connus; on sait des deux côtés ce qu'on veut et ce qu'on ne veut pas; il n'y a plus de vague à cet égard; il n'y a plus même de doute sur tels ou tels hommes, plus de nuances, plus de couleurs pâles; on peut respectivement calculer les moyens, les forces, les probabilités. Cette démarcation des partis, plus prononcée que jamais en France, ne serait-elle donc pas un symptôme de la fin prochaine de nos discordes? C'est, en effet, au milieu d'une confusion très-compliquée d'intérêts, de vœux et de passions, qu'il est réellement difficile de terminer une révolution; mais si les intérêts se divisent et se groupent d'une manière distincte, le choix devient aisé, parce que la comparaison devient possible: ce n'est pas au milieu de la mêlée que se décide la victoire.

On m'a forcé à établir la distinction; la voici: les intérêts de la Nation forment ce qu'on appelle *le système révolutionnaire!* Les ambitions de quelques hommes composent ce qu'on qualifie exclusivement de *royalisme!* Les uns sont protégés par la volonté du Roi; les autres s'armeraient au besoin contre elle: Français, de tous les âges, de toutes les conditions, choisissez!

Il y a des administrateurs qui ont adopté le système de l'*ultra-royalisme*, par position personnelle, voyant très-bien le but caché, et désirant très-vivement les conséquences de ce système; car ils avaient des pertes à regretter, et ne se regardaient pas comme indemnisés par des fonctions publiques, des honneurs, et d'énormes traitemens.

Il y a des hommes d'Etat qui y sont tombés, faute de lumières et de jugement; d'autres s'y sont jetés, en haine de tels ou tels hommes; d'autres y tiennent par orgueil, passion, caractère, entêtement, humeur.

Il y a d'anciens *ultra-révolutionnaires* qui l'ont embrassé avec chaleur, par habitude des excès, ou par remords d'eux-mêmes, ou dans le féroce espoir de contribuer à précipiter, par leurs fureurs, le fonds principal de la cause royaliste.

Il est clair que ce système a ses dupes et ses fripons, comme toute opinion dans ce monde; mais puisque dupes et fripons conduiraient également la France à sa ruine, peu nous importe les motifs divers qui les ont déterminés à suivre le même chemin.

Tel personnage, n'obéissant d'abord qu'à l'impulsion généreuse d'un beau talent et d'un noble caractère, avait développé, avec toute la force que la conviction ajoute au talent, les sentimens obligatoires de tous les Français, et les conditions nécessaires du véritable royalisme, l'amour de la France et l'obéissance au Roi. Il s'était exprimé franchement sur le passé; il avait parlé avec enthousiasme de la gloire française, avec dignité, des malheurs de l'émigration, avec bonne foi, des moyens de tout concilier ; il avait opposé des réflexions avouées de toute la France, à des espérances desavouées de toute l'Europe ; qu'ajouterai-je, enfin, à cet éloge qui renferme tous les autres, son Roi l'avait approuvé !

Des malheurs publics intervinrent : du fond de l'exil, ce personnage fit entendre la voix austère de la sagesse ! Il avoua des torts, il reprocha des fautes ; le *Moniteur de Gand* est presque entier l'ouvrage de sa plume. Mais l'événement, en justifiant, d'un côté, ses pensées politiques, a peut-être déçu, de l'autre, ses espérances personnelles. Dès-lors, quelle rapide défection ! *La cause royale est perdue ! la Monarchie en péril ! la légitimité menacée !* Le pamphlet du lendemain combat les écrits de la veille ! Que dirai-je de plus ? Il a forcé son Roi de le désavouer !

Sans m'occuper davantage des hommes, je ne parlerai que du système ; et si je parviens à démontrer que l'application, même possible ( et je nie qu'elle le soit ), serait au moins désastreuse, je ne croirai pas *avoir rendu un grand service à la France*, parce que le pamphlet d'un écrivain, quel qu'il soit, n'est pas d'un poids si grave dans la balance des destinées d'un royaume; mais j'aurai du moins satisfait à ma conscience, et contribué, de ma part, dans l'ensemble de l'opinion publique.

---

## CHAPITRE LIII.

Système capital, fondement de tous les Systèmes auxquels on voudrait soumettre l'Administration.

TANDIS qu'un Gouvernement sage et réparateur ne veut voir en France que des Français, consulte l'opinion publique, comme expression des besoins les plus généraux, administre pour la majorité de la Nation, refuse de sacrifier les intérêts de cent mille sujets à ceux de cent individus, et recherche le dévouement éclairé, des écrivains de parti proclament que *la France est gouvernée dans le sens des intérêts révolutionnaires.* Je ne leur conteste que cette dernière expression, et s'il publient que *la France est gouvernée dans le sens des intérêts nés de la révolution*, je le répéterai avec eux; je dirai plus, elle est gouvernée ainsi, parce qu'elle ne peut, parce qu'elle ne doit pas l'être autrement, parce que le Roi l'a jugé, l'a voulu dans sa sagesse et dans sa puissance.

Voilà ce qu'on veut attaquer et détruire :

voyons ce qu'on ait élèverait à la place, et ce qu'on s'efforcerait de consacrer.

Le grand système d'après lequel on calomnie le Gouvernement, on harcelle l'Administration, le système qui serait la base de tous les autres, et d'où découleraient d'innombrables calamités privées, qui, par leur réunion, formeraient sans doute une grande calamité publique, ce système, d'où sont nées toutes ces hérésies : *il n'y a que des révolutionnaires en place ; il faut proclamer la destitution générale de tous, depuis le premier magistrat, jusqu'au dernier commis de barrière ; les hommes qui ont pu respirer l'air de la France depuis vingt-cinq ans sont tous dangereux ;* ce système qu'on ne peut soutenir qu'en osant flétrir à la fois toute une grande Nation, qu'en supposant que ce qui était dehors a reçu ce qui était dedans, et que nous pouvons être chassés de chez nous par ceux qui se croient rentrés chez eux, ce système, enfin, est celui-ci : IL FAUT OPÉRER EN FRANCE UNE CONTRE-RÉVOLUTION COMPLÈTE.

Cette phrase, bien digne d'hommes ignorans, par sa profonde absurdité, renferme la doctrine tout entière de l'*ultra-royalisme.* En voyant le but, on devine les moyens. Tout homme qui ose en contester la justice et la justesse est déclaré, du moment même, ennemi de la légitimité, jacobin, révolutionnaire, buonapartiste. Il est à jamais repoussé des cercles *purs*, *purs-purs*; il ne sera pas *régénéré*; à plus forte raison, lui refuse-t-on *l'anneau* (1).

---

(1) Jargon de très-hautes et très-nombreuses coteries politiques. Cette note est pour la province et pour l'étranger.

## CHAPITRE LIV.

**Qu'on prétend expliquer, par le Système révolutionnaire, la marche de l'Administration.**

LA *contre-révolution!* Voilà donc tout le mystère. L'homme le moins initié aux secrets de la politique européenne et de l'administration intérieure de la France, s'épargne à lui-même d'en discuter la justice ou les avantages, parce qu'il a commencé par en concevoir l'impossibilité; mais l'ambition, la vanité et l'avarice ne procèdent pas ainsi : elles commencent par crier, par agir, et ne finissent même pas par raisonner.

On prétend expliquer les malheurs des temps par le mode d'administration, comme si deux réactions de l'Europe sur la France n'avaient pas dû laisser de traces; comme si la révolution du 20 mars était la conséquence des erreurs administratives, ou celle d'une défection de la force armée. Est-ce dans les cartons des Ministères qu'il faut chercher l'explication des désastres dont la Champagne a été le théâtre?

ou même, s'il fallait assigner aux défections militaires qui se sont succédées du 1er au 20 mars, des causes puisées dans la nature du Gouvernement de cette époque, les trouverait-on dans ce que vous appelez le *système révolutionnaire*, ou dans les premiers symptômes de l'*ultra-royalisme*, qui s'étaient manifestés dès la première restauration? L'amour-propre militaire avait-il été offensé par l'un ou par l'autre de ces deux systèmes?

Ce n'est point parce qu'ils sont engagés dans des intérêts révolutionnaires, que les fonctionnaires actuels peuvent et doivent administrer; c'est parce qu'ils ont la parfaite connaissance des intérêts nés de la révolution, de ces intérêts consacrés par la Charte. Ou la Charte elle-même est *révolutionnaire*, ou ce mot n'a pas de sens; et si vous osez associer le nom de *révolutionnaire* à cette Charte qui ne comporte d'autre épithète que le mot *royale*, où s'arrèteront votre audace calomnieuse et vos sacriléges imputations? La France entière frémit avec moi de la pensée d'un attentat qui n'est peut-ètre plus à commettre de votre part.

Le *système révolutionnaire*, tel que vous le définissez, est donc tout entier dans la

Charte, et en l'attaquant dans ses applications, vous trahissez le secret de vos espérances contre les principes et contre l'acte qui les consacre! Les *hommes de la révolution* sont donc, dans le sens que vous attachez à ce mot, tous les Français qui ont quelque chose à perdre! Mais les *révolutionnaires* anciens ou nouveaux (en interprétant ce mot avec bonne foi, et comme l'histoire l'explique); les *révolutionnaires* sont ceux qui ont tout à gagner, ou qui croient avoir à reconquérir sur ceux qui possèdent, sur ceux qui ont acquis; dans le sens absolu du terme, ce sont ceux qui aiment les révolutions, et comme il faut une révolution pour déplacer les choses et les hommes, ceux-là seuls sont *révolutionnaires*, et de leur propre aveu, ceux-là seuls qui provoquent les déplacemens et les spoliations.

---

## CHAPITRE LV.

### Ce que l'on entend par les intérêts révolutionnaires.

Les mêmes hommes qui ont fait une si heureuse distinction des *réactions physiques* et *morales*, fidèles à leur système d'antithèse, distinguent les *intérêts matériels révolutionnaires* et les *intérêts moraux*. Que cela est ingénieux! Comme l'esprit de parti est habile à tourmenter les mots pour tourmenter les hommes! Mais on fait grâce pour les *intérêts matériels*, sous la réserve de poursuivre et d'anéantir les *intérêts moraux* c'est-à-dire; qu'on accorde les conséquences aux dépens des principes, et qu'on permet d'habiter une maison dont on détruit les fondemens; enfin, on laissera aux possesseurs actuels la jouissance de leurs biens, en ne se réservant que le droit de les traiter de voleurs dans des écrits ou à la tribune. Quelle générosité! quelle bonne foi!

Par *intérêts matériels révolutionnaires*, on entend *la possession des biens nationaux*, *les droits politiques développés par la révolution et consacrés par la Charte;* et moi, j'entends par cette phrase, qui ne me semble pas trop obscure, que *la Charte est* au moins *matériellement révolutionnaire :* je prends acte de ce premier aveu.

Par *intérêts moraux*, ou plutôt immoraux, on désigne l'établissement des *doctrines anti-religieuses et anti-sociales*, *la doctrine du Gouvernement de fait; en un mot, tout ce qui tend à ériger en dogme le manque de foi*, *le vol et l'injustice.* Où a-t-on vu tout cela? Qui s'est aperçu, en France, que la révolution eût *établi le dogme du manque de foi ou du vol?* Dans quelle loi cela existe-t-il? Dans quel code les *doctrines anti-religieuses* sont-elles décrétées? voilà comme la politique a aussi ses Dons-Quichottes qui s'escriment contre les chimères créées par leur cerveau malade?

Oui, on a osé conseiller le *manque de foi!* Je crains d'écrire ce qu'on n'a pas craint de faire! C'est de son plus noble sanctuaire qu'on a tenté d'exiler la bonne foi, de l'asile qui lui resterait, si elle avait disparu de la face du monde. Mais le Roi de France a répondu : *Je n'ai jamais promis en vain;* et il a désavoué ceux qui attentaient au gage de ses promesses.

---

## CHAPITRE LVI.

**Ce qui arriverait en admettant la distinction notée au précédent chapitre.**

Ainsi, on place sous la garde de la gendarmerie, et sous la garantie des lois, une masse de propriétés sur lesquelles on ne se réserve qu'une *hypothèque morale;* mais comme, d'un autre côté, tous les efforts tendront à rétablir dans toute sa pureté la morale qui ne permet pas d'ériger *en dogme le vol et l'injustice*, comme on serait aide dans cette *croisade morale* par le Clergé qui a été lui même dépossédé, les conséquences bientôt *matérielles* de ces moyens, d'abord *moraux*, se laissent toucher au doigt.

Personne ne songe à soutenir et à défendre *des opinions impies ou sacrilèges, nées de la fange de la révolution*. On n'a entendu aucun discours dans ce sens; aucun écrit n'a été publié dans cette intention; un Ministère respectable, surtout par la moralité des membres qui le composent, exige cette même condition des fonctionnaires qu'il délègue au nom du Roi. Mais ce qu'on a commencé, ce que l'on ne cessera pas de faire, c'est de veiller à la conservation des avantages que la constitution accorde aux diverses classes de citoyens, et nous plaçons en première ligne l'égalité des Français devant la loi (1), l'admission de tous également aux emplois civils et militaires (2), la liberté des cultes (3), l'inviolabilité des propriétés dites nationales (4), l'oubli commandé, non seulement aux tribunaux, mais aux citoyens (5), le droit de ne dépendre que de ses juges naturels (6), la conservation des engagemens de l'État envers ses créanciers (7), l'abolition de la confiscation des biens (8), la suppression des priviléges de la noblesse (9), et l'obligation imposée aux successeurs du Roi d'observer fidèlement la Charte constitutionnelle (10).

Comme il y a dans tout cela beaucoup plus d'*intérêts moraux*, que d'*intérêts matériels*, on voit où nous conduirait le système proposé de poursuivre loyalement *la révolution morale*; et les hommes qui enfantent ces plans monstreux de discordes, osent se proclamer constitutionnels !

---

(1) Article 1er de la Charte.
(2) Art. 3, *id.*
(3) Art. 5, *id.*
(4) Art. 9, *id.*
(5) Art. 11, *id.*
(6) Article 62 de la Charte.
(7) Art. 70, *id.*
(8) Art. 66, *id.*
(9) Art. 71, *id.*
(10) Art. 74, *id.*

## CHAPITRE LVII.

**Exemple à l'appui de ce qu'on vient de dire.**

Je n'irai point chercher un exemple bien loin : la question de la restitution des biens non vendus du clergé m'en fournit un tout prêt. Comme les mathématiciens vont du connu à l'inconnu, nos politiques iraient volontiers et inévitablement, d'une concession à un droit. Les biens non vendus sont restitués au clergé ; donc on a eu tort de vendre ce qui l'a été ; ce qu'on vient d'obtenir établit le droit de ce qu'on va redemander ; donc il faut rendre la seconde moitié, puisqu'on a restitué la première ; donc..... je m'arrête sur le bord de l'abîme où tous ces beaux raisonnemens conduiraient la Monarchie et la France !

Singulière doctrine de ces hommes qui prétendent aimer le Roi et la Constitution ! Ne diroit-on pas que le Roi a voulu ou a pu démentir le principe fondamental de toute législation, qui ne permet à la loi que de prévoir, et jamais de rétroagir ; ils invoquent l'aboliti on de la confiscation décrétée en 1814, à propos de biens aliénés en 1791 ! Quel misérable artifice, je ne dis pas d'une fausse logique (car ces gens-là connaissent aussi bien que moi la valeur d'un bon raisonnement), mais d'une mauvaise foi, qui sait trop quel mauvais effet un mauvais argument produit d'abord sur l'esprit de la multitude, et qui ne se refuse pas les moyens de la plus absurde ignorance pour abuser la crédulité populaire. C'est ainsi, je l'avoue, qu'on se fait écouter dans une ou deux Provinces ; mais c'est à ce prix qu'on entretient la défiance et l'agitation dans trente autres bonnes Provinces du Roi de France ; quel noble rôle pour un sujet couvert de bienfaits et d'honneurs !

L'ai-je bien entendu ? un Français, un sujet, un homme d'Etat a osé crier *Malheur à sa Patrie et à son Roi !* Il a menacé leur *prospérité !* il a prédit un terme à leur fortune ! et voilà ce qu'on appelle du royalisme ! Quel affreux contre-sens !

Non, les volontés du Roi ne seront point prescrites ! La parole royale ne sera point dégagée ! elle est placée sous la sauve-garde de l'honneur national ! La Charte ne sera pas une *donation entre vifs*, c'est un contrat *synallagmatique ;* sa durée n'a de bornes que celle de l'existence du nom Français.

## CHAPITRE LVIII.

### Continuation du même sujet.

Sans doute, avec un tel système, il y aurait, dans peu d'années, une foule de mots proscrits de la langue française, comme les choses qu'ils désignent seraient proscrites de la politique intérieure, comme les hommes auxquels ils sont applicables seraient proscrits peut-être de la France. Qu'on se rassure à cet égard, ni les mots, ni les choses, ni les hommes ne disparaîtront! Mais ne disparaîtra-t-elle jamais, cette malheureuse et coupable tactique née des temps les plus calamiteux de la révolution, cette habitude de mentir aux autres et à soi-même, pour calomnier des principes ou des hommes, tout cela dans le seul but et dans le seul espoir de Basile : *il en restera toujours quelque chose.* Il y a même de gros volumes qui ne sont que le commentaire de cet axiome du magister de Séville.

Ainsi parce qu'on s'établit le défenseur

de la constitution, on n'est accusé de rien moins que de conspirer contre *la religion*, contre *la morale*, contre *la légitimité*, contre *l'honneur!* Si ce sont là, en effet, les conséquences du zèle constitutionel, ne prévoit-on pas jusqu'où remontent ces absurdes et odieuses accusations! En vérité, la mauvaise foi est bien maladroite! Quel cœur français a jamais été blessé de discours qui conseillaient le rétablissement de la religion! Ah! qu'elle renaisse dans toute sa pureté, cette religion sainte et charitable, la plus noble, la plus sûre auxiliaire de la Monarchie! Qu'elle renaisse pour annoncer à la terre le pardon du Ciel, pour prêcher la réconciliation et l'oubli des injures, pour faire adorer la clémence divine! Qu'elle renaisse, comme autrefois, détachée des choses de ce monde, toute animée de l'esprit de charité et de désintéressement qui lui est propre; qu'elle renaisse avec l'éloquence de Bossuet, les touchantes vertus de Fénélon, l'onction et et le courage de Massillon, et la pauvreté de Vincent de Paule; nous nous prosternerons devant elle et devant les organes de la morale évangélique! Mais c'est ici surtout qu'il faut faire une utile distinction des *in-*

*térêts moraux* et des *intérêts matériels* : respect aux uns, libre discussion des autres ! Ne peut-on examiner ceux-ci, sans outrager ceux-là ? La majesté de notre auguste religion est-elle compromise dans la question des biens du Clergé ?

On fait des propositions en faveur du *Clergé;* on proclame à la tribune la nécessité de rendre au Clergé son existence politique; on parle du Clergé et de la Noblesse (collectivement), comme on parlerait du gouvernement. C'est une erreur de mot qu'il est d'autant plus important de signaler qu'elle conduirait à d'étranges erreurs de fait. Il y a des prêtres, il y a des nobles, mais il n'y a ni Noblesse ni Clergé, puisque l'une n'a plus de priviléges d'État, ni l'autre de propriétés, comme corps. La Charte ne constitue point de corps en France ; toute dénomination collective est donc impropre. Le Gouvernement seul est un corps composé de plusieurs élémens subdivisés eux-mêmes en pouvoirs de diverses natures et en administrations de formes variées; mais nulle part, il n'y a de statuts pour la Noblesse, d'assemblée de la Noblesse, de biens, de priviléges appartenant à la Noblesse ; il n'y en a pas davantage, en ce qui concerne le Clergé. Chaque individu noble ou annobli possède ou reçoit la Noblesse pour son propre compte; chaque Ministre du culte est salarié par l'Etat ; le noble n'appartient qu'au service du Roi ; le prêtre est immédiatement placé sous l'autorité du Gouvernement : ils remplissent l'un et l'autre les devoirs de citoyen ; je ne vois dans tout cela rien qui ressemble à une Noblesse ni à un Clergé, considérés comme corps.

Voilà des principes qu'il ne faut pas perdre de vue, parce qu'ils sont seuls constitutionnels : le mot de *Clergé* n'est pas prononcé une seule fois dans la Charte.

Sont-ce bien des Français qu'on accuse d'avoir blâmé, comme impolitiques, les honneurs funèbres rendus aux royales victimes de la Convention ? Les églises étaient remplies, la France était couverte de deuil ! Des femmes du peuple s'étant arrêtées il y a peu de jours, pour considérer l'appareil extérieur de la chapelle de la Conciergerie, furent interrogées par d'anciens orateurs de clubs, qui leur demandèrent, je ne sais dans quelle intention, ce qu'on voyait là-dedans. — *Votre ouvrage*, répondirent-elles. Ces femmes avaient apparemment une plus juste idée de l'honneur national, que nos modernes publicistes, puisqu'elles ne le compromettaient pas dans le crime de quelques furieux? Voilà l'instinct Français!

Est-ce encore à des Français qu'on adresse le reproche de n'entendre qu'à regret le mot *honneur*, ce mot qui appartient exclusivement à leur langue, et qu'aucune langue étrangère ne peut traduire dans un sens complet, parce que le caractère d'aucun peuple ne réunit aussi complétement toutes les conditions nécessaires de ce mot. Les âmes françaises palpiteront toujours d'enthousiasme et d'attendrissement à ce mot magique, qui comprend à la fois les souvenirs de François Ier à Pavie, de Louis XIV à la veille de Denain, de Louis XVIII à Venise, des armées françaises dans tous les lieux et dans tous les temps, et de la Nation entière, au 21 novembre 1815! L'honneur! si l'Europe entière avec toutes ses armes n'a pas pu nous le ravir, est-ce un pamphlet qui nous en déshéritera!

## CHAPITRE LIX.

### Quel est le nombre des Royalistes en France?

---

Il y a vingt-huit millions de royalistes en France, puisqu'il y a un Roi, et vingt-huit millions de sujets. Si ce n'est pas ainsi qu'on entend le mot *Royaliste*, je n'y entends moi-même plus rien. Ou mon calcul est juste, ou je n'ose pas qualifier quel autre mot deviendrait synonime de *Royalistes*. Il ne doit pas y en avoir moins qu'il y a de sujets, ou il doit y avoir des lois contre ceux qui déclareraient qu'ils le sont autrement, comme il y en a contre ceux qui oseraient publier qu'ils ne le sont pas du tout: tant de Français, tant de royalistes, c'est-à-dire, tant de sujets. Je ne connois point d'autre arithmétique pour solder une révolution.

Le bon Henri disait que, *lorsqu'il vint à la Couronne, il avait trouvé trois Partis, que des trois, il n'en avait fait qu'un sans distinction; qu'il était le Roi des uns aussi bien que des autres; qu'il les croyait tous également affectionnés à son service, mais que c'était à lui d'en faire le discernement et de choisir les plus capables.*

---

## CHAPITRE LX.

Qu'il n'y a donc, pour parler sagement, ni majorité, ni minorité en France.

---

On ne pourrait pas dire : *Les royalistes sont en minorité en France*, car ce serait compromettre à la fois les intérêts de la Cause royale : on ne doit pas dire davantage, *les royalistes sont en majorité*, parce que ce serait dire au reste des Français, vous êtes des factieux, ou vous êtes des vaincus.

Il n'y a ni vaincus, ni vainqueurs, parce que tous les partis ont été tour-à-tour abattus ou triomphans. Il y a un Roi de France et des Français : hors de ces dénominations, je ne vois que faction et guerre civile.

Il n'y a donc ni minorité, ni majorité, de telles ou telles opinions ; mais unanimité de sentimens comme de devoirs. Tout calcul qui tend à procurer un autre résultat, et à dénombrer des forces de partis, est un calcul qui ne produirait pour dernier total que la ruine de la Patrie !

Il y a, en effet, de part et d'autre, quelques hommes exaltés qui se font remarquer par l'exagération de principes contraires à l'ordre de choses actuel, soit au-delà, soit en-deça; mais le nombre en est si petit, que le mot de minorité ne leur convient même pas. Désespérés les uns et les autres, après d'inutiles efforts contre l'ordre politique irrévocablement établi, ils s'unissent aujourd'hui entre eux; c'est un premier pas de fait vers leur réunion à la grande famille : cela viendra, ou ils s'éteindront successivement, toujours incorrigibles, mais de jour en jour plus impuissans, et moins dangereux.

---

## CHAPITRE LXI.

**Ce qui, dit-on, a pu tromper les Ministres sur la véritable opinion de la France.**

« Les Ministres ne connaissent l'opinion » publique que par les rapports des fonction- » naires : toutes les fonctions sont encore dans » les mains des hommes de la révolution : » ceux-ci n'adressent que des rapports rédigés » dans le sens de leur opinion personnelle ; » donc les Ministres sont fondés à croire que » toute la France est révolutionnaire. »

Quelle admirable logique ! Que de bonne foi surtout dans les différentes parties de ce syllogisme ! Je n'y aperçois que six erreurs de faits : c'est autant que certaines gens sont habitués d'en commettre lorsqu'ils écrivent six lignes. D'abord, les Ministres sont trompés par les fonctionnaires, et puis tous les fonctionnaires sont des hommes de la révolution ; dès-lors, ils n'expriment que leur opinion personnelle ; ensuite, les Ministres ne connaissent l'opinion publique que par leurs rapports ; en conséquence, les Ministres sont trompés, et ajoutez donc enfin que les Ministres trompent le Roi ; car tout cela tend à cette conclusion. Expliquez-vous avec autant de franchise que je vais le faire : il est vrai que nous ne serons pas tout-à-fait d'accord ; mais que de discussions seraient abrégées, que de malheurs prévenus par cette méthode d'argumentation. Dites aussi clairement ce que vous voulez, que je dis moi-même ce que nous voulons. La France, l'Europe, notre Roi nous écoutent : au moins serons-nous jugés avec connaissance de cause ; mais au nom de la justice, au nom de la vérité, au nom de la patrie, si vous avez encore quelque considération pour elles, parlez à cœur ouvert, plus de demi-mots, plus de demi-prétentions, proclamez vos espérances et vos désirs ; qu'on nous entende et qu'on nous juge.

Comment les Ministres sont-ils trompés par les fonctionnaires publics ? Osez-vous bien accuser ainsi collectivement et l'expérience des uns et la bonne foi des autres ! Avez-vous bien prévu toute la portée de cette dénonciation, qui comprend dans son blasphème tous les hommes qui, sous quelque titre et dans quelque degré que ce soit, coopèrent à l'exécution de la volonté royale dans toute l'étendue de la France ? N'avez-vous pas mesuré l'immense latitude de cette injurieuse allégation qui enferme dans ses vastes conséquences tous les élémens du Gouvernement du Roi? Qu'entendez - vous par ces mots : *Tous les fonctionnaires sont des hommes de la révolution*? Voulez-vous dire que leur crime est d'avoir vécu ou d'être nés dans la révolution? Que n'avez-vous eu le droit de suspendre les lois de la nature en France pendant les vingt-cinq dernières années; car enfin, les mots *homme de la révolution* signifient tout simplement que les actes de naissance depuis 1789 sont autant de forfaits, et qu'il n'y a de vertus, pendant cet intervalle de temps, que les actes mortuaires.

Voulez-vous faire entendre qu'ils ont pris part aux cruautés de la révolution? Il n'y a pas en place un homme de cette catégorie. La haine nationale les en a repoussés avec autant de sévérité que la vigilance du Ministère. Et dans quels rangs se sont-ils réfugiés? Dans les rangs de ceux-là mêmes qui, avec des titres bien différens, il est vrai, demandent les places par exclusion : vous m'avez forcé de dénoncer à l'opinion publique et à vous-même les indignes auxiliaires que vous n'avez pas rougi d'admettre dans vos rangs.

« Si Louis XVIII (écrivait, en 1814, l'auteur
» des *Réflexions politiques*) voulait remplir
» les places d'hommes tout-à-fait étrangers à
» la révolution, qui serait pur à ses yeux? »

Comment suppose-t-on encore que les Ministres ne connaissent l'opinion publique que par leurs correspondances avec les fonctionnaires! Oh! qu'ils eussent été cruellement trompés dans certaines circonstances, s'ils s'en étaient tenus là! L'opinion publique a d'autres voies pour parvenir au Gouvernement; elle se fait entendre par d'autres organes. Dans tous les lieux où des Français sont rassemblés en nombre, on entend le cri de *vive le Roi!* dans toute sa pureté sacramentelle. Ceux qui ont voulu modifier ce cri, ont été obligés de se réunir en *sociétés secrètes*. Voilà l'opinion publique! Elle est, d'ailleurs, comme je l'ai déjà démontré, dans les besoins les plus généraux, et certes, on ne prétendra pas que des priviléges composent les besoins les plus généraux d'un grand peuple.

Non, les fonctionnaires ne sont pas des révolutionnaires; non, l'opinion publique n'est pas contraire à leurs rapports; non, les Ministres ne sont pas trompés.

## CHAPITRE LXII.

### Du meilleur moyen de réfuter une objection.

C'est de la faire soi-même ; c'est de se placer, comme Sosie, en face de sa lanterne ; alors rien n'étonne, rien n'embarrasse ; on a réponse à tout ; on peut même, au besoin, faire la réponse avant la demande.

Les royalistes sont les meilleurs gens du monde ;

Mais ils sont en minorité ;

Mais, en 1814, le système fut de ne placer que des amis de Buonaparte, que des élèves de la révolution ;

Mais on n'ouvrait pas même les lettres qui parvenaient des départemens, etc.;

Mais on n'a su que se cacher au moment du danger ; mais....

Voilà, en partie, les raisonnemens de votre lanterne. Soyez justes, vous dirait la nôtre; mettez, dans ce que vous promettez et dans ce que vous faites, de la bonne foi, une bonne foi sans réserve; croyez qu'en unissant les intérêts on multiplie les fidèles serviteurs du Roi; car un Roi de France a besoin de sujets, et il doit craindre de n'avoir pour lui que des royalistes ; n'envahissez pas tout, ne fatiguez pas le présent, ne menacez pas de l'avenir, et l'on vous donnera, aux jours du péril, l'exemple de la résistance et du dévouement, lors même que vous donneriez celui de la peur et de la fuite. Notre lanterne ne changera point de langage, et certes ce n'est point celle de la révolution ; d'autres mains semblent aujourd'hui en revendiquer l'usage : c'est celle du bon sens, celle qui nous fait entrevoir un terme aux révolutions.

---

---

## CHAPITRE LXIII.

### Que s'il n'y a pas de Royalistes en France, il faut en faire.

---

QUELS royalistes? S'agit-il de ceux qui veulent tout pour eux seuls, et qui, afin d'être plus sûrs de leur fait, ne voient plus, hors eux et leurs amis, que des jacobins et des révolutionnaires en France? Mais comme ces royalistes de première classe vivent de dénonciations et de déclamations, il semble que ce serait leur jouer un fort vilain tour que de vouloir par trop en augmenter le nombre. Moins ils sont, plus ils font de bruit, plus ils ont d'occupation et d'ardeur; c'est le lot, c'est le caractère de tout ce qui est exclusif: il faut être conséquent. Et comment, d'ailleurs, suivraient-ils la bannière de ceux qu'ils se font gloire de désigner pour victimes, dès qu'ils en veulent au pouvoir? Ils se sont comptés; ils avancent par sauts et par bonds; ils ont des passions, ils n'ont pas besoin de Ministres.

Mais ils avaient besoin de la dernière Chambre, ils la trouvaient à miracle : cela est vrai, et voilà comme ce qu'il y a de plus pur et de plus respectable, comme les intentions les plus loyales peuvent servir d'aliment, de prétexte et de moyens à tout ce qu'il y a de plus inquiétant et de plus funeste pour les Etats, à cet esprit de novation, de révolution et de bouleversement qui se manifestait chez quelques-uns, chez ceux-là qui, se créant un royalisme d'envahissement, ne voulaient un Roi que pour eux, des Députés que pour eux. En disant aux passions : si vous ne vous calmez pas encore, vous vous tairez du moins, l'ordonnance du 5, ce *quos ego* de la prérogative royale a fait autant de véritables royalistes, que la tribune avait alarmé de citoyens. Or, ceux-ci sont nombreux; mais.... non, non, cette majorité n'est point révolutionnaire, parce qu'elle redoute les révolutions nouvelles; non, elle n'est pas l'ennemie de la légitimité, puisque partout elle accueille à cœur ouvert son Roi et ses Princes; elle ne discute pas, elle se contente de sentir; elle aime, elle ne hait point; elle ne veut proscrire personne; elle travaille; ses bras, son industrie, ses travaux sont pour son Roi; elle supporte en son nom, et avec une résignation respectueuse, les calamités qui ont affligé le Royaume, et dont il souffre encore. La justice et la bonté ont toujours fait des sujets fidèles; les Ministres laissent faire au Roi; c'est son œuvre. Accusez donc les Ministres, ils s'en consoleront en bénissant le Roi avec tous les Français.

## CHAPITRE LXIV.

### Il n'y a point de Royalistes en France.

Les partisans des intérêts révolutionnaires soutiennent cela, dit-on. C'est un système à l'appui duquel on leur en prête trois autres. Vain échafaudage d'inconstitutionnelles absurdités sur lequel on n'a plus qu'à souffler dans le chapitre suivant, au risque de renverser la lanterne du pauvre Sosie. Passons donc à la réfutation. Il est convenu que c'est œuvre tout d'une pièce, et que les systèmes sont faits pour la réfutation, comme la réfutation pour les systèmes. Notre chapitre sera plus court; c'est une bonne fortune lorsqu'il s'agit de matières politiques. Montesquieu avait le droit, et nous, nous éprouvons par fois le besoin de procéder de la sorte.

## CHAPITRE LXV.

### Systèmes de réfutation.

Si, parmi certains aspirans à de nouvelles révolutions, c'est une opinion volontiers reçue que le Roi n'est pas assez royaliste, il pourrait bien se faire que ceux-là, qu'on appelle avec tant de libéralité partisans des intérêts révolutionnaires, eussent rêvé qu'il n'y a point de royalistes en France, malgré la preuve un peu forte qu'ils acquièrent chaque jour du contraire. Ce rêve est le produit naturel des intérêts révolutionnaires : 1er système, si bien démontré, duquel procède le système (2me système) de la minorité des royalistes en France : ce qui toutefois est un pas de fait, puisque la réduction même de la chose en supposerait l'existence. Or, ce système est le père d'un 3me et d'un 4me à la fois; savoir : que la dernière Chambre des Députés n'a point été élue dans le sens de l'opinion générale; de tout quoi il résulte que le Ministère, en marchant avec la minorité de cette Chambre, aurait marché avec la majorité des Français.

La supposition du 1er système est un rêve ; celle du second une injure. Entendons-nous pour le reste, et invoquons les faits. Bien que chacun les arrange à sa guise, on a beau les tourner en tous sens, la vérité est au fond du vase : nous ne le verserons point, nous nous contenterons de l'épancher.

L'usurpateur était tombé pour la seconde fois ; pour la seconde fois, la France était rendue à son Roi légitime ; l'armée s'était retirée en silence et sans désordre sur les rives qui lui étaient assignées, en attendant sa dissolution ; partout étaient répandues les proclamations les plus rassurantes, des paroles de paix et de conciliation ; un père revenait à ses enfans ; ils les trouvait bien abattus, bien punis, bien confus ; cependant, les légions de l'étranger occupaient une partie des villes et des campagnes du Royaume. On était disposé à tous les sacrifices ; le présent était pénible, mais l'avenir n'était plus incertain. Combien ne fut-on pas touché en apprenant que le premier besoin d'un Prince qui ne trompa jamais et que jamais aucune opposition, aucun obstacle n'empêchèrent de tenir ses promesses, était de rassembler autour du Trône de S.-Louis des Députés fidèles et calmes comme lui. Ah ! s'il n'y avait point eu de royalistes, on les eût inventés, tous le seraient devenus pour justifier la noble confiance du Monarque. Des adjonctions, des invitations, des instructions, des émissaires, soins superflus! On savait ce que voulait le Roi, ce qu'exigeaient les circonstances. Le système des nouveaux intérêts révolutionnaires n'avait point encore surgi. Le bruit des armes avait précédé la violence des discussions; et ceux qui rentraient, et ceux qui échappaient aux calamités de l'usurpation, tous semblaient également ressentir le prix du repos. La lassitude avait aussi prononcé son amnistie, et l'on ne soupçonnait pas qu'il dût y avoir plusieurs classes de Français. On ne trouvait personne trop royaliste, parce que personne encore n'avait songé à dire que d'autres ne l'étaient pas assez, ou ne l'étaient pas du tout. On eût alors indiqué trente choix par département, les trente choix eussent été acceptés. Les Chambres s'ouvrirent, les discussions s'engagèrent, les amendemens parurent, les correspondances s'établirent au profit des délateurs, les comités particuliers se formèrent; on demanda compte des opinions qu'il n'avait pas à celui qui avait des enfans et une place ; il perdit sa place, conserva ses enfans, trouva la misère et le désespoir. Les cœurs s'ouvrirent à la crainte et à la défiance. Le Roi restait : oh ! oui, il restait, et si la Divinité se repentit de son ouvrage, pourquoi le Roi ne se serait-il pas effrayé de celui qu'on préparait à la France ? Comment le peuple ne se serait-il pas détrompé ?

Mais pour établir que l'opinion publique est toujours la même, on parle de réceptions, de félicitations, d'honneurs et de triomphes. Etrange abus des mots et des choses ! Eh ! qui ne sait que des hommes personnellement recommandables par mille qualités sont toujours accueillis comme ils le méritent ? Qui ne sait quelle différence existe entre une société et une ville, entre une ville et tout un département. Il ne s'agit point ici d'un Député, des Députés, mais de la Chambre, mais de son système, puisque l'on aime à mettre les systèmes en avant. Si vous travaillez pour les intérêts de tous, tous les Français sont bons pour être Députés; et si, comme la conséquence de vos raisonnemens vous y entraîne, l'immense majorité des Français pense comme les derhiers Députés, pourquoi ceux-ci seraient-ils exclusivement en possession de l'être ?

La vérité vaut mieux que toutes ces subtilités. Abjurez les déclamations contre de prétendus intérêts révolutionnaires. N'outrez rien, pas même l'injure contre la Police ; permettez à tous les Français d'être Français ; souffrez que le Roi soit le Roi. Songez aux appels incendiaires qui déjà sont la suite, comme ils sont la conséquence de vos indiscrètes provocations. N'opposez pas les départemens à Paris : Paris est calme, et, s'il fallait que, par un aveuglement trop funeste, quelques-uns de ces départemens qu'on agite fussent entraînés hors des limites d'une soumission, seule garantie de nos destinées sous les mains armées de l'Europe, je vous dirais : *Luge si sapis.*

FIN DE LA TROISIÈME PARTIE.

# TABLE DES CHAPITRES

## CONTENUS

## DANS LA TROISIÈME PARTIE.

FIN DE LA TABLE DE LA TROISIÈME PARTIE.

---

*Note pour la première Partie.* — Quelques personnes ont cru que le paragraphe 2ème de la page 60 de la 1ère partie de cet ouvrage concernait M. Victor Couchery. C'est un usage assez commun que celui de juger les hommes sans connaître les choses : M. V. Couchery n'a jamais été *Censeur impérial* ; et ce dernier fait ne lui étant nullement applicable, l'interprétation que l'on se plaisait à donner audit paragraphe, tombe d'elle-même.

www.ingramcontent.com/pod-product-compliance
Ingram Content Group UK Ltd.
Pitfield, Milton Keynes, MK11 3LW, UK
UKHW020200200726
13856UKWH00003B/1113

9 782012 396449